ENCYCLOPÉDIE-RORET.

CHAUDRONNIER

MANUELS-RORET

NOUVEAU MANUEL COMPLET

DU

CHAUDRONNIER

ATLAS

PARIS

LIBRAIRIE ENCYCLOPÉDIQUE DE RORET
RUE HAUTEFEUILLE, 12.
1872

BAR-SUR-SEINE. — IMPRIMERIE SAILLARD.

Chaudronnier. Pl.I.

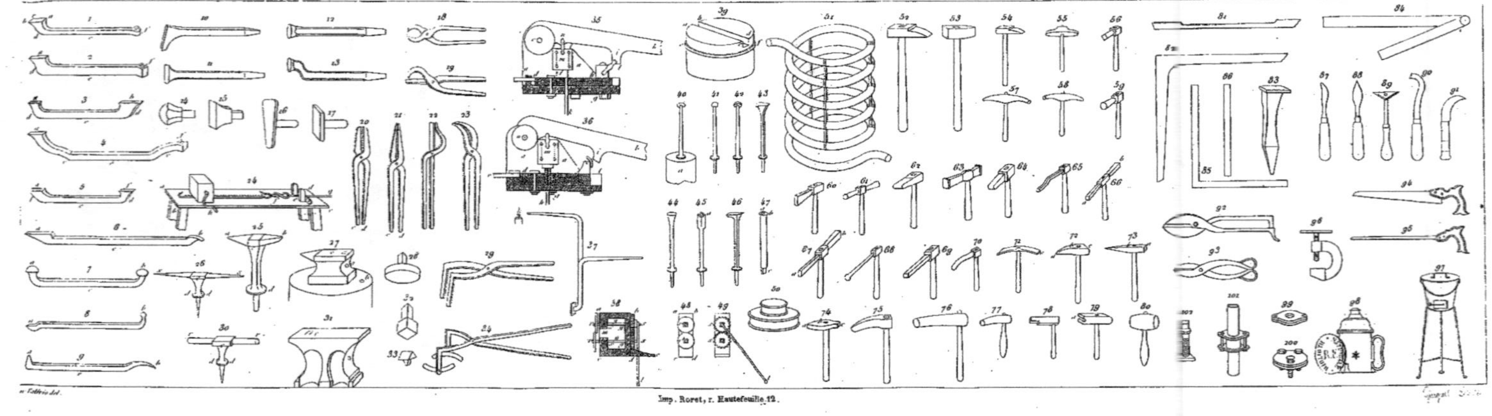

a. Vallérie del.
Imp. Roret, r. Hautefeuille, 12.

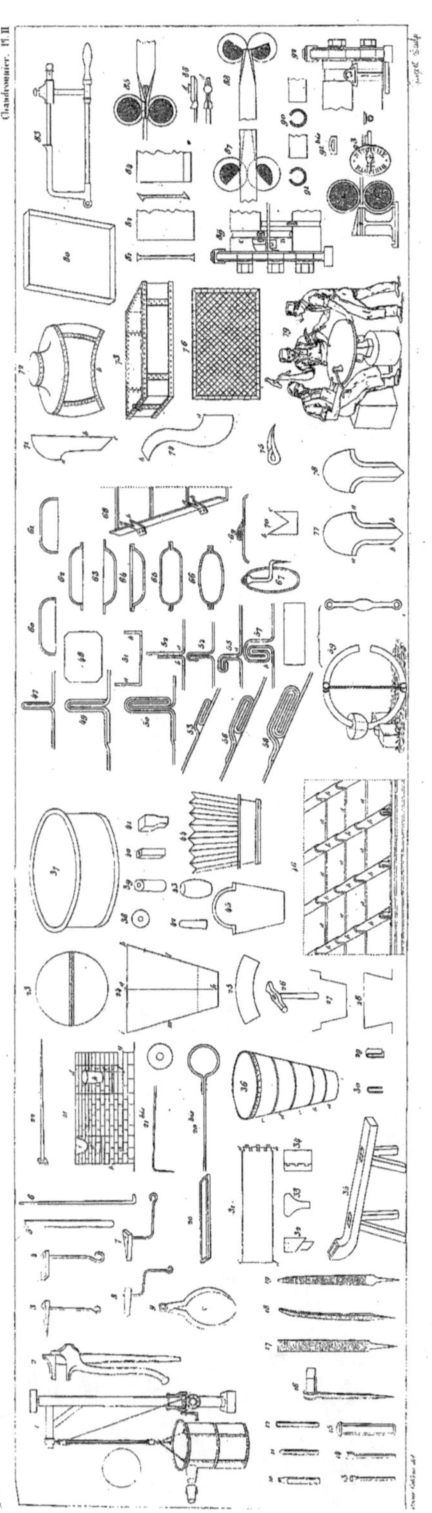

Chaudronnier. Pl. II.

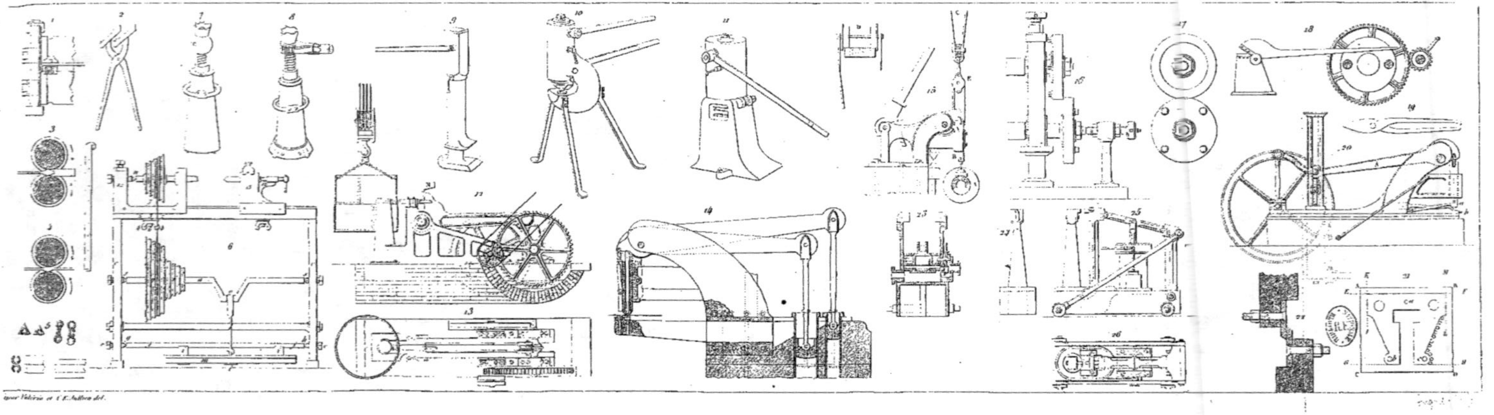

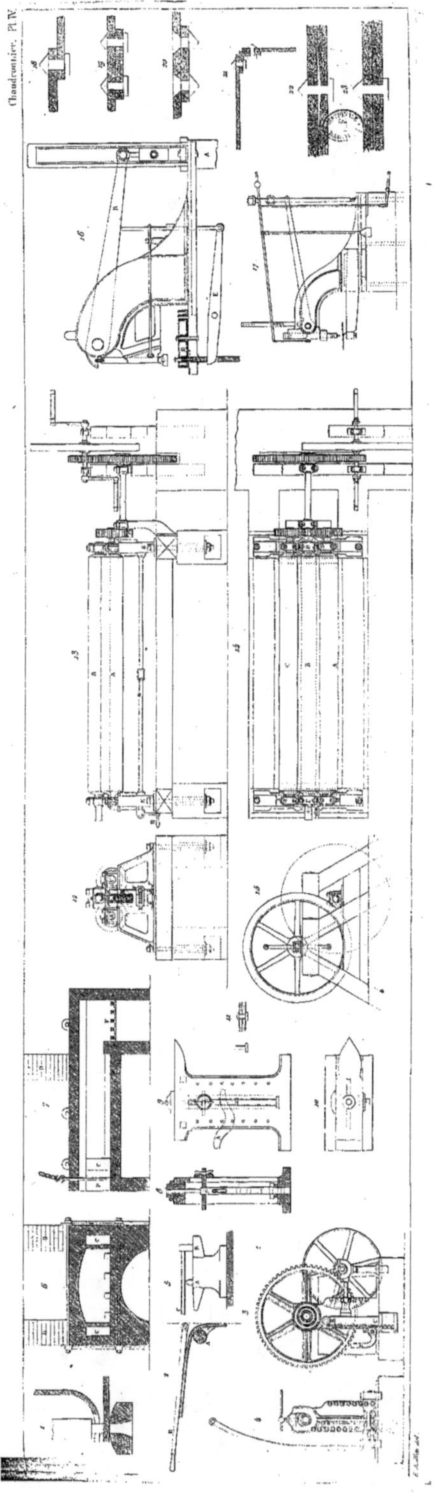
Chaudronnier. Pl. IV.

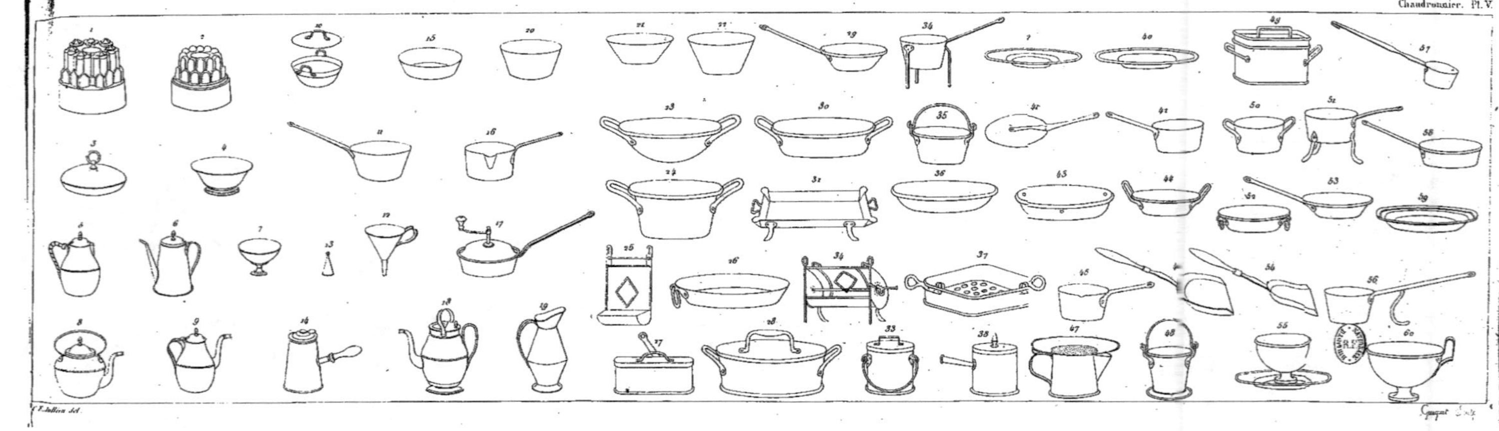

Chaudronnier. Pl. V.

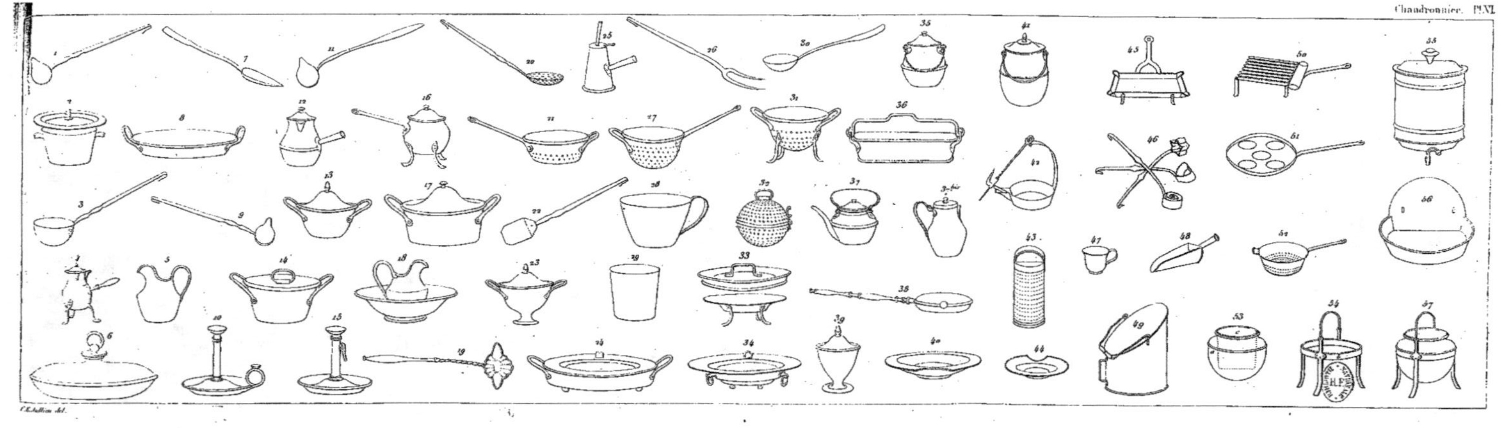

Chaudronnier. Pl.VI.

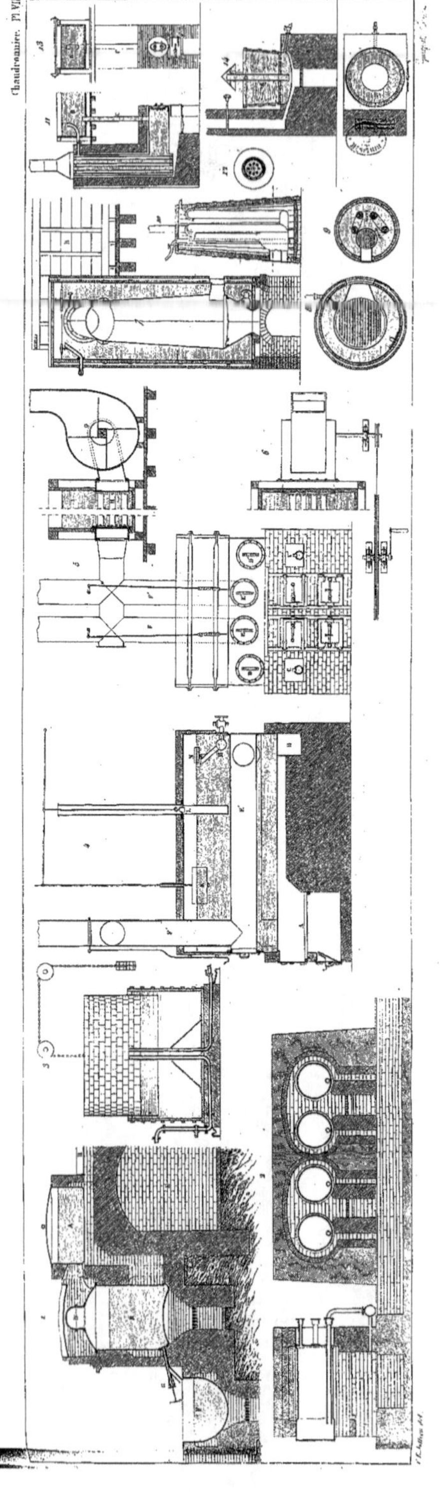

Chaudronnier. Pl. VII.

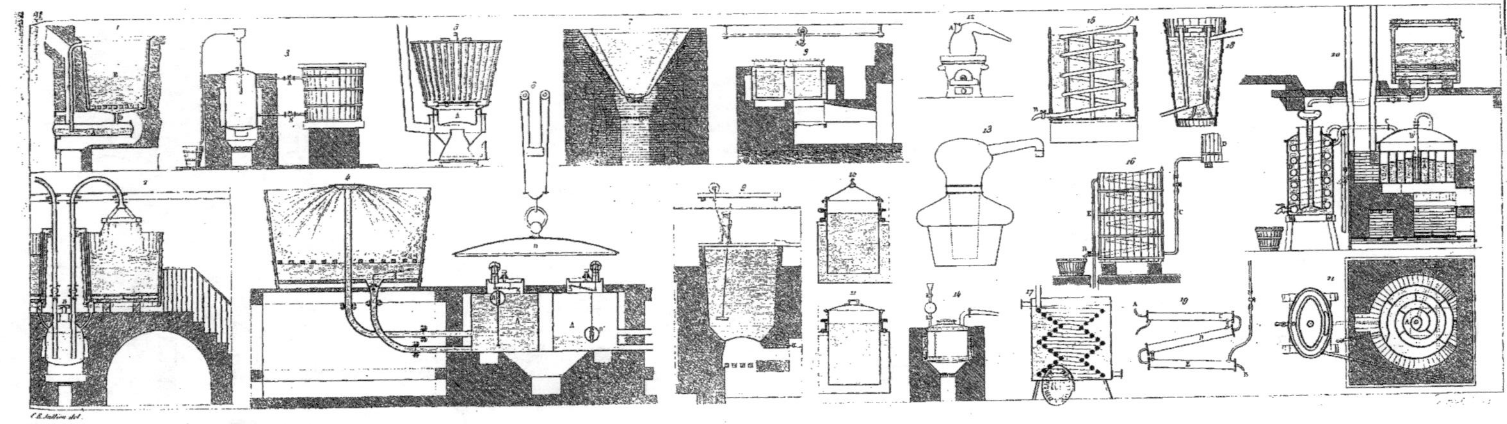

E. Souillard del.

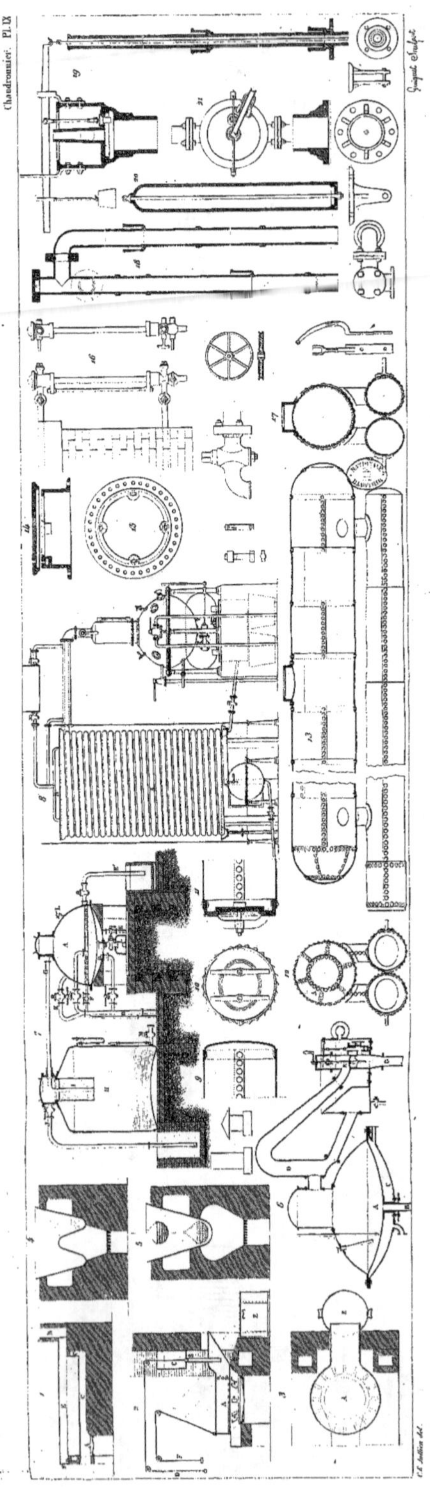

Chaudronnier. Pl. IX

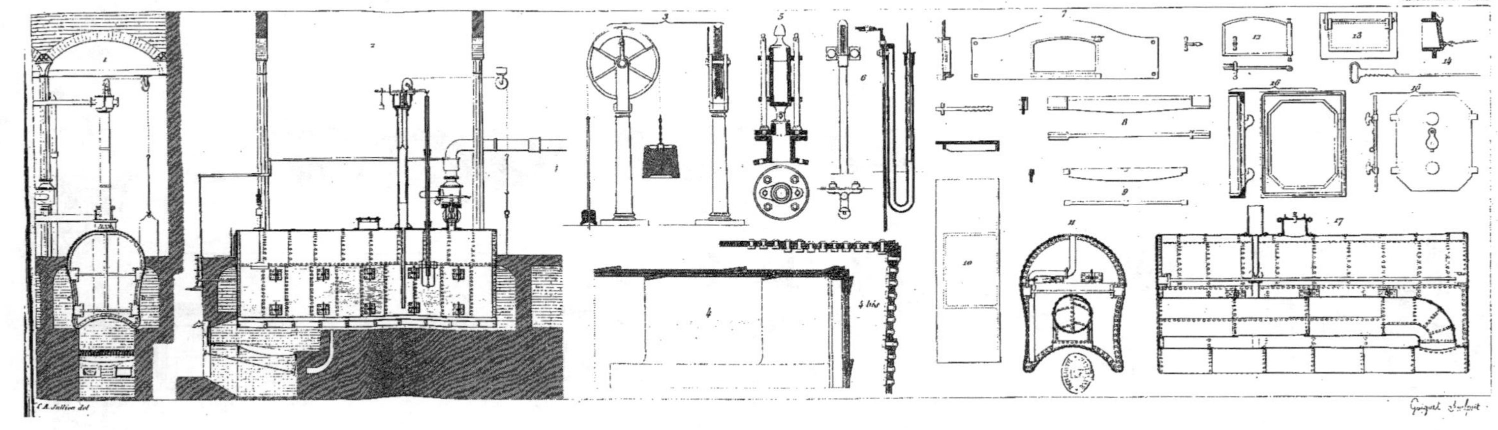

Chaudronnier. Pl. X.
C. A. Sallron del.
Guignet Sc. Anjut

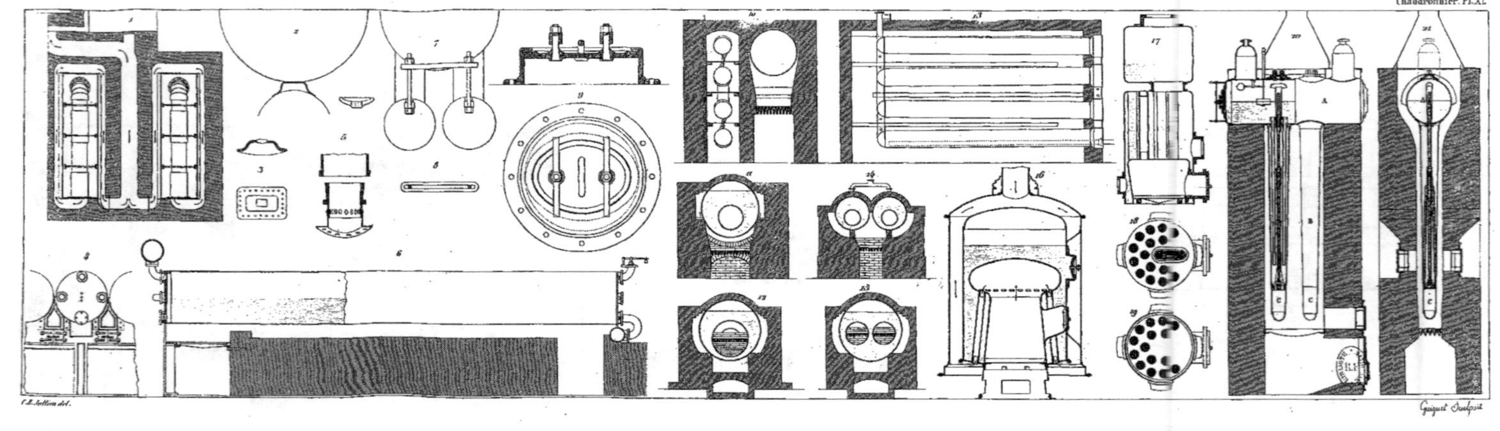

Chaudronnier. Pl. XL.
C.A. Sellier del. Sculpsit
Guiguet Sculpsit

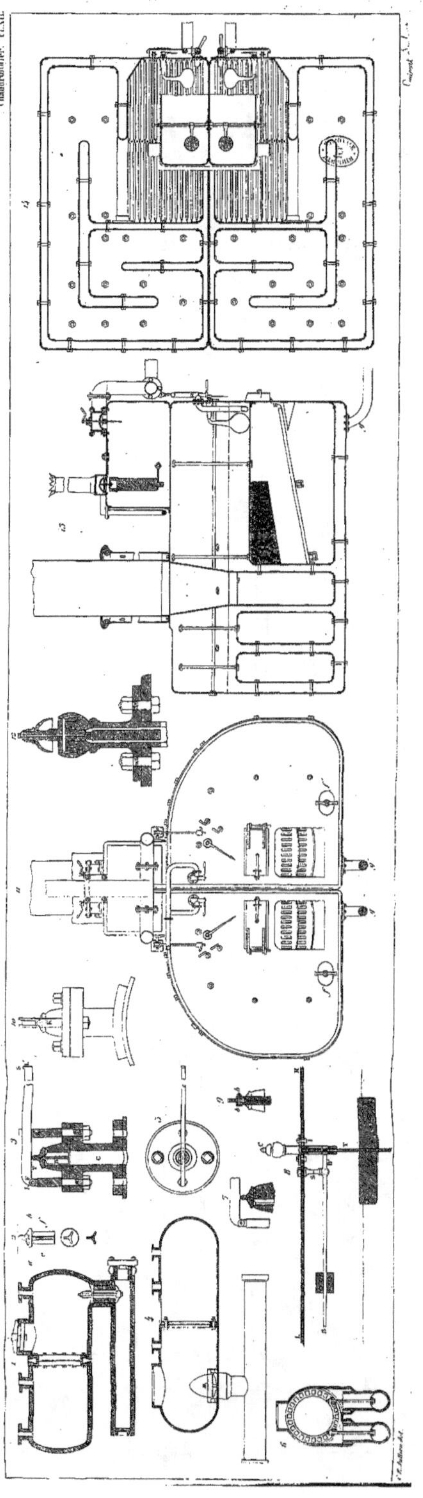

Chaudronnier. Pl.XII.

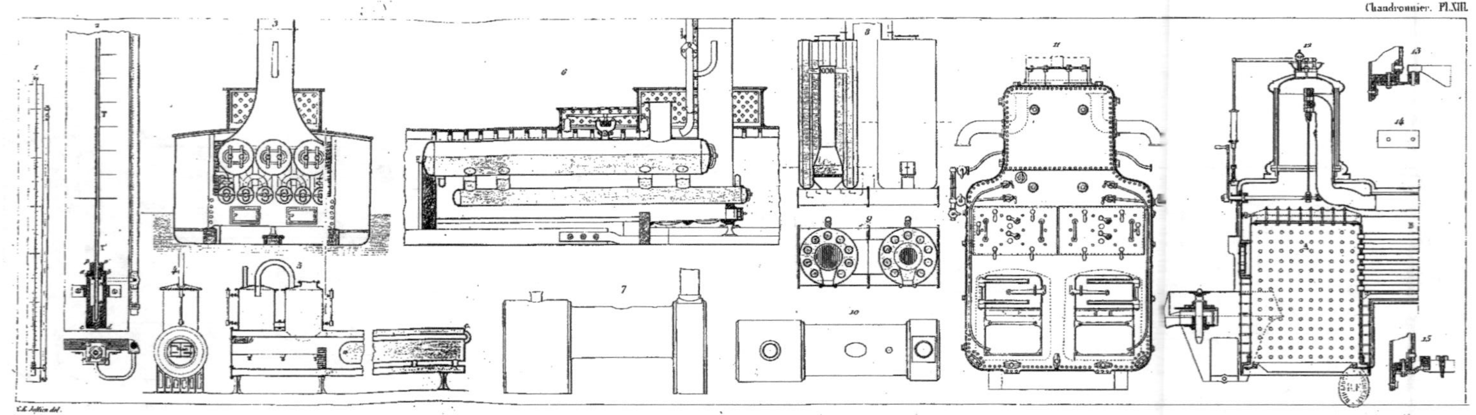

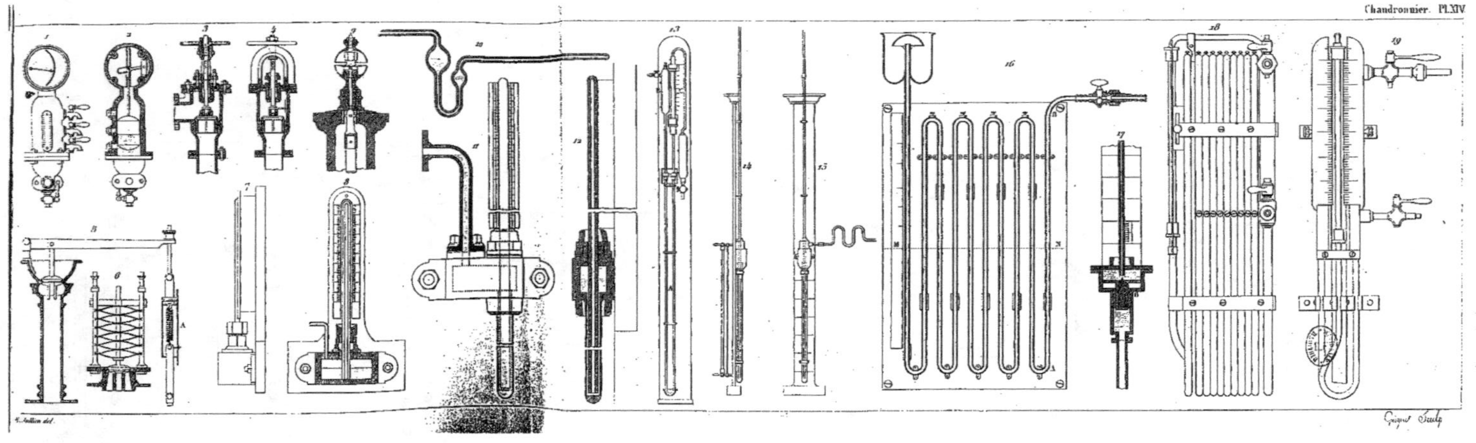

Chaudronnier. Pl.XIV
G. Sellier del.
Cuynot Sculp.

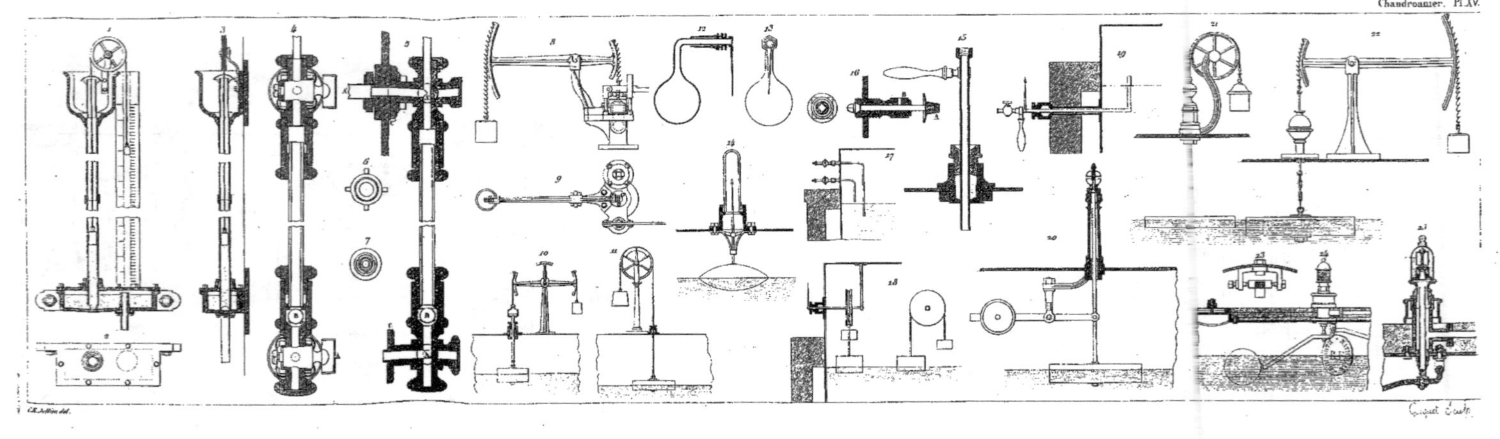

Chaudronnier. Pl. XV.

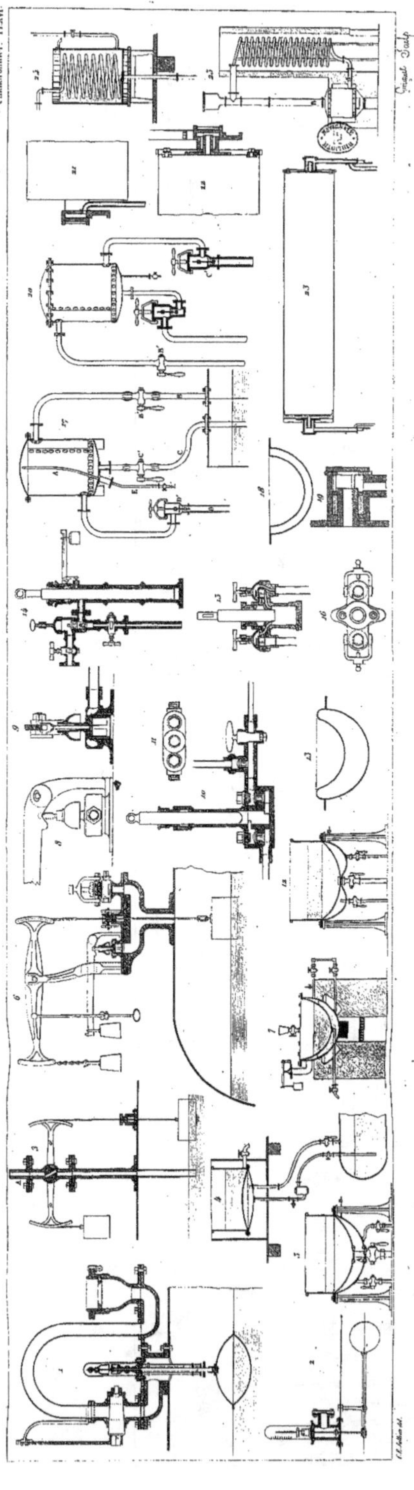

Chaudronnier. Pl.XVI.

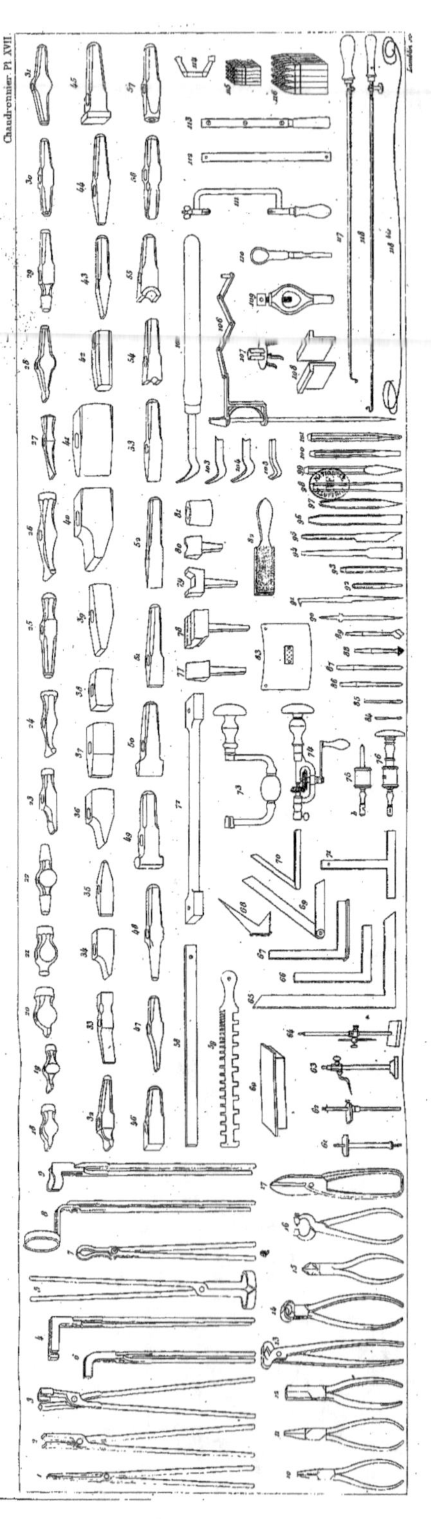

Chaudronnier. Pl. XVII

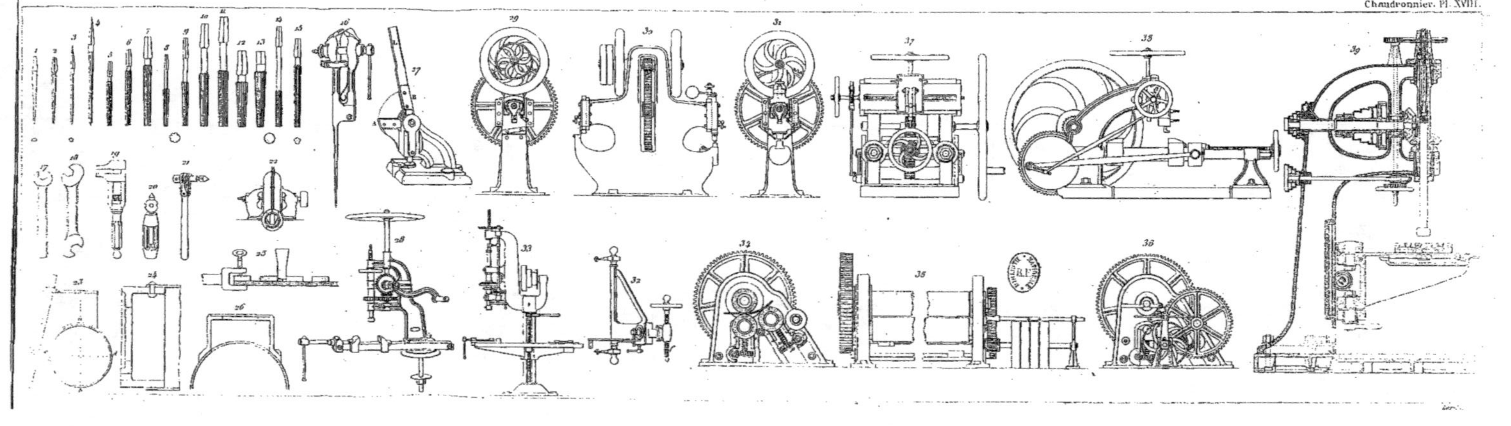

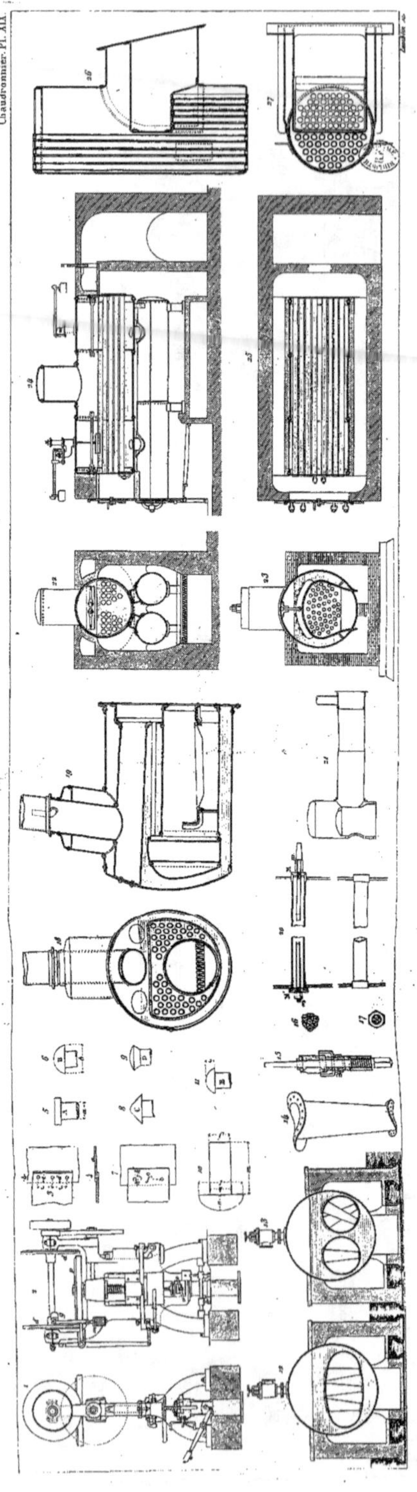

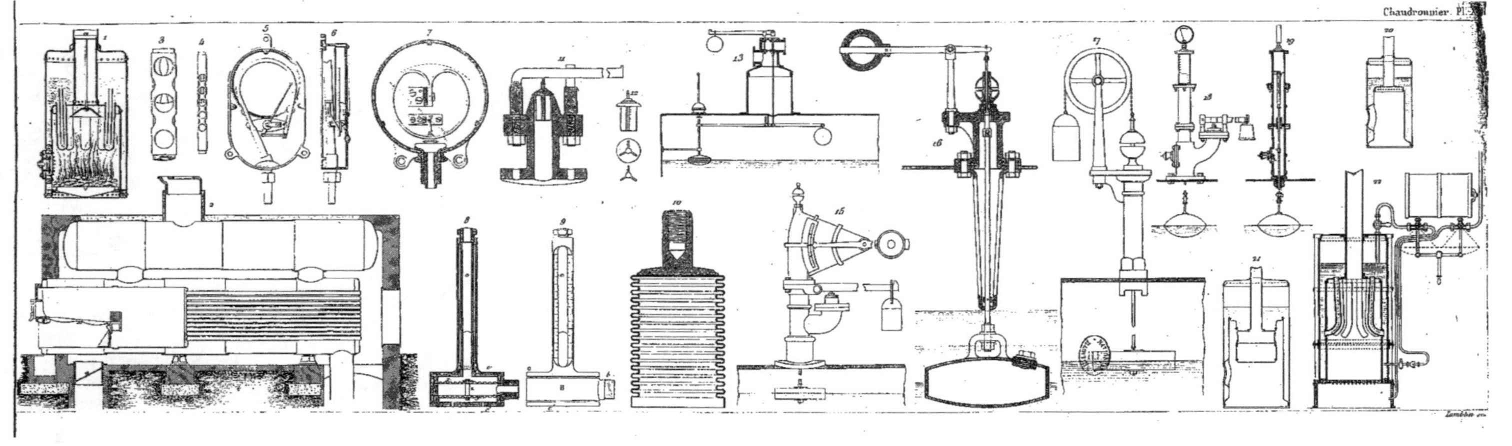

Chaudronnier. Pl.